TOBIAS SCHÖNEMANN

DRUMMERS FORGE

AF523646

INHALT

NOTATION

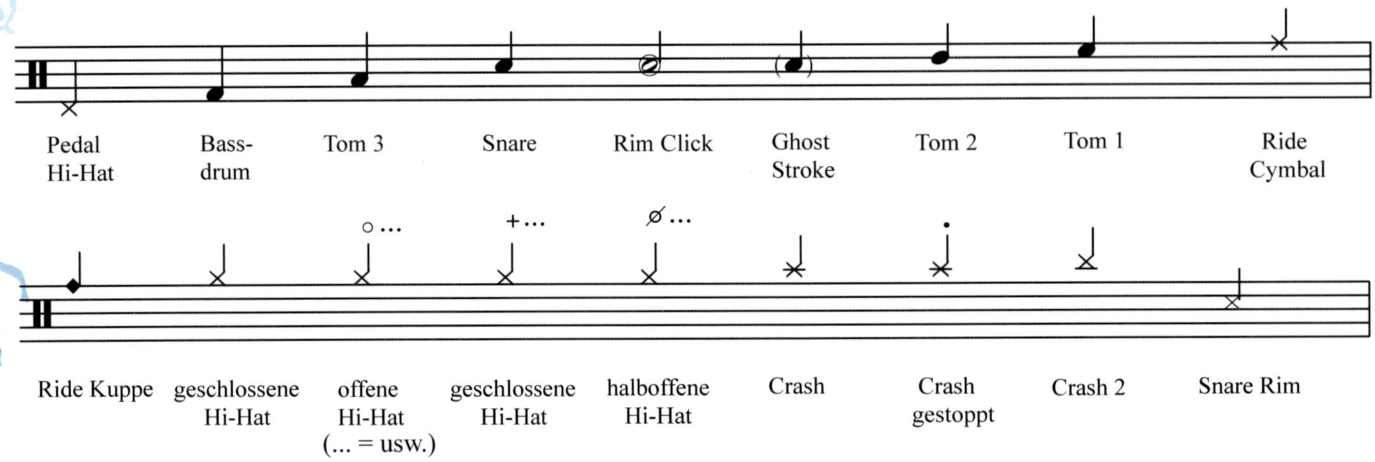

Playalongs:

Geschwindigkeitsstufen:
90 bpm, 100 bpm, 110 bpm, 120 bpm

Bis auf „Mary´s Boy Child“ sind alle Playalongs in 90 bpm, 100 bpm und 110 bpm. Wenn du die Geschwindigkeit verändern möchtest, kannst du dir hierfür Programme aus deinem Appstore laden.
Für „O du fröhliche“ gibt es eine Klavierbegleitung.
Für „Morgen Kinder wird´s was geben“ und „Mary´s Boy Child“ gibt es jeweils eine Gitarrenbegleitung.

METHODIK

Was die Methodik angeht, so hört man mit dem Schüler den gesamten Song erst an und liest zeitgeich das Stück mit. Dann erläutert man den Ablauf des Stückes (Teil A, B, C) und sollte auf Fragen diesbezüglich eingehen. Nun fängt man mit dem Erarbeiten des Soloteils an, dann das Ende des Stücks und danach erst den Anfang. Wenn der Text sitzt, versucht man zu 90 bpm zu spielen, dann 100 bpm und schließlich 110 bpm. Beim Erarbeiten der Stücke macht es sich gut, den Text taktweise auf Schüler und Lehrer zu verteilen:
Takt 1 Schüler, Takt 2 Lehrer, Takt 3 Schüler u.s.w. ...
Bei Vorspielen zur Weihnachtszeit macht es viel Spaß, Schüler zusammenspielen zu lassen.

Beispiel:
Schüler 1 Snare catchy: Stand-Tom
Schüler 2 Drums cool : Drum-Set
Schüler 3 Snare tricky : Snare-Drum

Das ergibt einen echt coolen Groove und ihr könnt mit mehreren Schülern von verschiedenen Leistungsstufen als Ensemble arbeiten, ohne dass sich ein Schüler über - oder unterfordert fühlt!
Für Anregungen und Verbesserungen stehe ich Euch gerne zu Verfügung!

info@hallkammerverlag.de

Frohe Weihnachten,
Euer Tobias

O DU FRÖHLICHE

TEXT&MUSIK: JOHANNES DANIEL FALK/HEINRICH HOLZSCHUHER

O du fröhliche, o du selige,
gnadenbringende Weihnachtszeit!

Welt ging verloren, Christ ist geboren:
Freue, freue dich, o Christenheit!

O du fröhliche, o du selige,
gnadenbringende Weihnachtszeit!

Christ ist erschienen, uns zu versühnen:
Freue, freue dich, o Christenheit!

O du fröhliche, o du selige,
gnadenbringende Weihnachtszeit!

Himmlische Heere jauchzen Dir Ehre:
Freue, freue dich, o Christenheit!

O DU FRÖHLICHE

Snare/catchy

Text/Musik: Johannes Daniel Falk
Heinrich Holzschuher
Arr.: Tobias Schönemann

O DU FRÖHLICHE

Drums/catchy

Text/Musik: Johannes Daniel Falk
Heinrich Holzschuher
Arr.: Tobias Schönemann

O DU FRÖHLICHE

Snare/cool

Text/Musik: Johannes Daniel Falk
Heinrich Holzschuher
Arr.: Tobias Schönemann

O DU FRÖHLICHE

Drums/cool

Text/Musik: Johannes Daniel Falk
Heinrich Holzschuher
Arr.: Tobias Schönemann

O DU FRÖHLICHE

Klavier

Text/Musik: Johannes Daniel Falk
Heinrich Holzschuher
Arr.: Tobias Schönemann

MORGEN KINDER WIRD'S WAS GEBEN

TEXT&MUSIK: UNBEKANNT/GOTTLIEB HERING

Morgen, Kinder, wird's was geben!
Morgen werden wir uns freu'n!
Welch ein Jubel, welch ein Leben
Wird in unser'm Hause sein;
Einmal werden wir noch wach,
Heißa, dann ist Weihnachtstag!

Wie wird dann die Stube glänzen
Von der großen Lichterzahl!
Schöner als bei frohen Tänzen
Ein geputzter Kronensaal.
Wisst ihr noch, wie vor'ges Jahr
Es am heil'gen Abend war!

MORGEN KINDER WIRD'S WAS GEBEN

Snare/catchy

Carl Gottlieb Hering
Arr.: Tobias Schönemann

MORGEN KINDER WIRD'S WAS GEBEN

Drums/catchy

Carl Gottlob Hering
Arr.: Tobias Schönemann

MORGEN KINDER WIRD'S WAS GEBEN

Snare/cool

Carl Gottlieb Hering
Arr.: Tobias Schönemann

MORGEN KINDER WIRD'S WAS GEBEN

Drums/cool

Carl Gottlieb Hering
Arr.: Tobias Schönemann

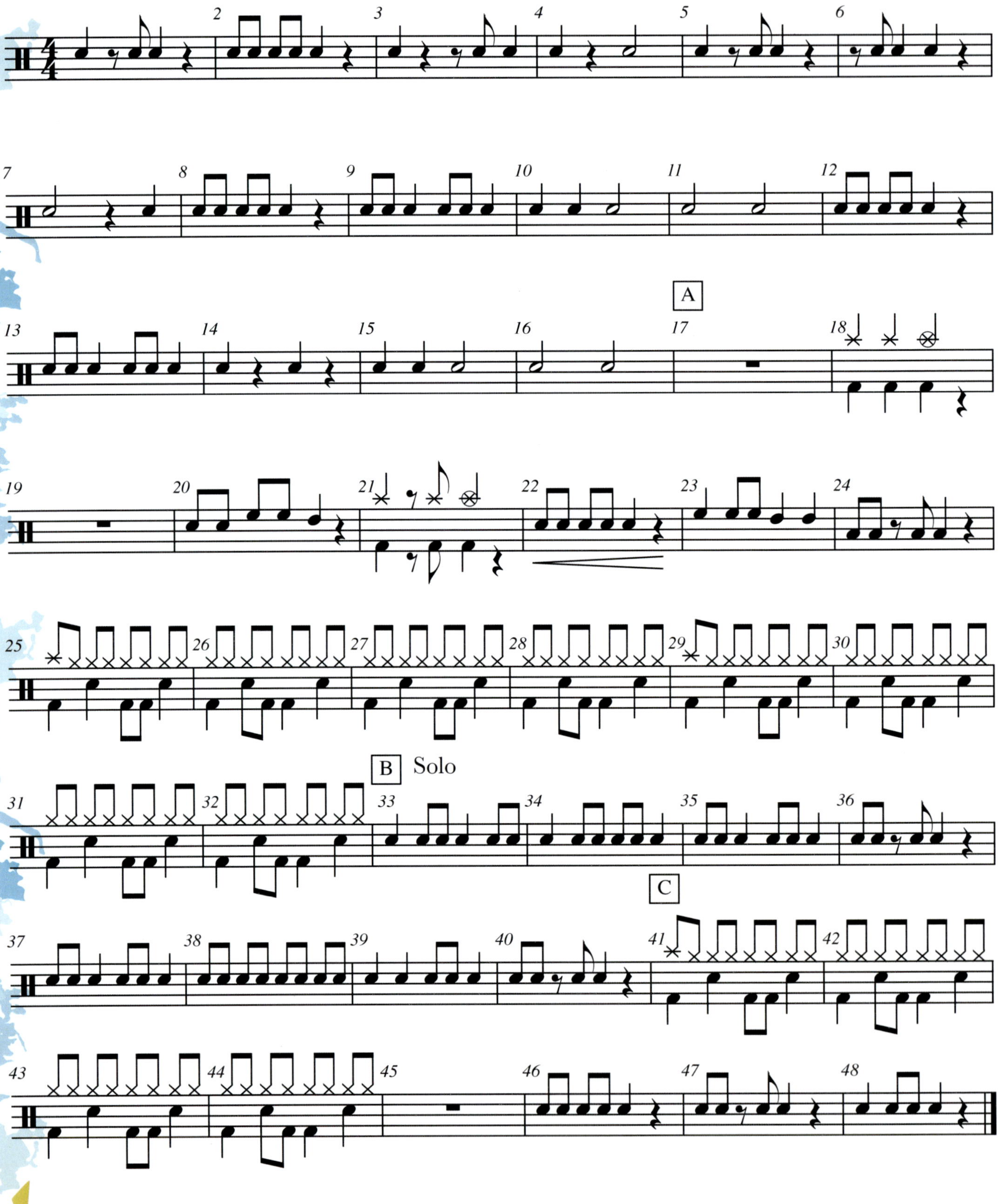

MORGEN KINDER WIRD'S WAS GEBEN

Gitarre

Carl Gottlob Hering
Arr.: Tobias Schönemann

MARY'S BOY CHILD

Text&Musik: Jester Hairston

Mary's boy child, Jesus Christ,
Was born on Christmas Day.
And man will live for evermore,
Because of Christmas Day.

Hark now hear,
The angels sing,
A new King born today.
And man will live for evermore,
Because of Christmas Day.

MARY'S BOY CHILD

Snare/catchy

Jester Hairston

Arr.: Tobias Schönemann

MARY'S BOY CHILD

Snare/cool

Jester Hairston
Arr.: Tobias Schönemann

MARY'S BOY CHILD

Snare/tricky

Jester Hairston

Arr.: Tobias Schönemann

MARY'S BOY CHILD

Gitarre

Jester Hairston
Arr.: Tobias Schönemann